Удивительная Сила Благословения

Ричард Брантон

Удивительная Сила Благословения
Опубликовано Richard Brunton Ministries
(Ричард Брантон Министриз)
Новая Зеландия

© 2020 Richard Brunton

ISBN 978-0-473-51768-7 (электронное издание)
ISBN 978-0-473-51769-4 (Kindle)
ISBN 978-0-473-51770-0 (PDF)

Редакция:
Особая благодарность
Джоан Виклунд (Joanne Wiklund) и Эндрю Киллику (Andrew Killick),
за то, что сделали историю более читабельной,
чем она могла бы быть в противном случае!

Перевод:
Global Translators Ltd.

Производство и верстка:
Эндрю Киллик
Castle Publishing Services
(Касл Паблишинг Сервисиз)
www.castlepublishing.co.nz

Дизайн обложки:
Пол Смит (Paul Smith)

Цитаты из Священного Писания взяты из
Русского синодального перевода Библии (Протестантская редакция)
и Нового русского перевода Библии.

ВСЕ ПРАВА ЗАЩИЩЕНЫ

Никакая часть этой публикации не может
быть воспроизведена, сохранена в поисковой системе
или передана в любой форме или любыми средствами,
электронными, механическими, копировальными,
записывающими или иными, без предварительного
письменного разрешения издателя.

СОДЕРЖАНИЕ

Предисловие	5
Вступление	9

Часть Первая: Почему Благословение? — 15

Понимание сути	17
Сила наших слов	21
Переход от добрых слов к благословению	24
Что такое Христианское благословение?	26
Наша духовная власть	30

Часть Вторая: Как Это Сделать — 39

Некоторые важные принципы	41
Сделайте чистоту речи образом жизни	41
Спросите Святого Духа, что сказать	41
Благословение отличается от ходатайства	42
Не судите	44
Пример для иллюстрации	45
Различные ситуации, с которыми мы можем столкнуться	47
Благословение тех, кто поносит или проклинает вас	47

Благословение тех, кто обижает или отвергает вас	49
Благословение тех, кто провоцировал вас	52
Благословение, а не проклятие, самих себя	55
Распознавание и разрушение проклятий	55
Благословение своих уст	57
Благословение своего ума	59
Благословение нашего тела	60
Благословение вашего дома, брака и детей	66
Благословение отца	74
Благословение других через высвобождение пророчества	81
Благословение вашего рабочего места	82
Благословение общины	85
Благословение земли	87
Благословение Господа	89
Послесловие от читателя	90
Послесловие от автора	91
Приложения	92
Как стать Христианином	94

ПРЕДИСЛОВИЕ

Я призываю вас прочитать эту небольшую книгу с ее мощным посланием – вы будете изменены!

Однажды утром, когда мы с Ричардом Брантоном завтракали, он поделился с нами тем, что Бог открыл ему о силе благословения, и я сразу же увидел потенциал большого влияния на жизнь других людей.

Я снял его послание на видео, чтобы показать в нашем церковном мужском лагере. Присутствующие мужчины думали, что это было настолько хорошо, что они хотели бы, чтобы вся церковь услышала его. Люди начали применять его на практике во всех сферах своей жизни, и в результате мы услышали удивительные свидетельства. Один бизнесмен сообщил, что в течение двух недель его бизнес превратился из «ничего в прибыль». Другие были физически исцелены, когда они начали благословлять свои тела.

Стали открываться и другие возможности для того, чтобы это послание было услышано. Я должен был выступить на собрании Генералов (где пасторы церкви собираются вместе, чтобы учиться и обновляться) в Кении и Уганде. Ричард сопровождал меня в этой поездке и провел сессию о благословении. Послание прорвалось сквозь давно похороненную пустоту и боль. Большинство людей в зале никогда не были благословлены своими отцами, и когда Ричард стоял в этой роли и благословлял их, многие плакали и испытывали эмоциональное и духовное освобождение вместе с незамедлительным изменением в их жизни.

Знание того, как благословлять, повлияло на мою жизнь до такой степени, что теперь я ищу возможности благословлять других «словом и делом» – через то, что я говорю и делаю. Вам понравится эта маленькая книга, и, если вы примените ее к своей жизни, ваша плодотворность будет изобиловать и переполняться через край для Царства Божьего.

Джефф Виклунд
Джефф Виклунд Министерства,
Бывший Председатель «Хранителей Обетования»,
Окленд, Новая Зеландия

Бог благословил Ричарда откровением о силе благословения, когда она высвобождается на других. Я верю, что это откровение от Бога для нашего времени.

Так как Ричард «проживает» свое послание, это приносит подлинность его словам и сразу же вызывает доверие у людей.

Это сподвигло нас пригласить Ричарда выступить на всех наших служениях Хранителей Обетования (Promise Keepers) для мужчин. Воздействие было чрезвычайно мощным и поворотным для многих людей.

«Благословение» было темой, которая достигала и захватывала сердца мужчин на мероприятиях Хранителей Обетования. На это важное учение был получен огромный положительный отклик – молитва благословения и сила «доброго говорения». Многие из них никогда по-настоящему не получали благословения и не давали его другим. Услышав послание Ричарда, и прочитав эту книгу, они получили мощное благословение и были готовы благословлять других во имя Отца, Сына и Святого Духа.

Я воздаю должное Ричарду за эту книгу об *Удивительной Силе Благословения* как о мощном способе высвобождения полноты Божьего благословения в наши семьи, наши общины и наши нации.

Пол Субрицкий
Бывший Национальный Директор «Хранителей Обетования»
Окленд, Новая Зеландия

ВСТУПЛЕНИЕ

Все любят получать восхитительные новости – и еще лучше, когда ими можете поделиться именно вы!

Когда я открыл для себя ценность благословения, это было так, как если бы я был человеком из Библии, который нашел сокровище в поле. Я с энтузиазмом поделился своими мыслями и опытом с пастором Джеффом Виклундом, и он попросил меня рассказать о них мужчинам из его церкви в лагере в феврале 2015 года. Они были настолько впечатлены, что хотели, чтобы вся церковь услышала это послание.

Когда я выступал в церкви, случилось так, что в тот день присутствовали преподобный Брайан Франс из «Христианских Служителей Харизмы» (Charisma Christian Ministries) и Пол Субрицкий из «Хранителей Обетования» (Promise Keepers).

Это привело к тому, что я поделился своим посланием в «Харизме» в Новой Зеландии и на Фиджи, а также с мужчинами из «Хранителей Обетования». Многие ухватились за него и сразу же начали применять его на практике с отличными результатами. Некоторые говорили, что никогда прежде не слышали учения об этом аспекте Царства Божьего.

Служение благословения, казалось, превратилось в снежный ком. (Разве Бог не говорит: «дар человека открывает ему путь»?). В конце 2015 года я сопровождал пастора Джеффа в Кению и Уганду. Он служил сотням пасторов, присутствовавших на Собрании Генералов. Это было ежегодное мероприятие, на котором делегаты искали вдохновения и поддержки, и Джефф чувствовал, что мое учение о благословении будет полезно для них. Так оно и оказалось. Не только пасторы, но и другие спикеры из Америки, Австралии и Южной Африки сочли это мощным посланием и призвали меня сделать что-то, чтобы охватить более широкую аудиторию.

Я не хотел ни создавать и поддерживать веб-сайт,

ни писать углубленную работу, в то время, когда уже существуют отличные работы на эту тему. Послание благословения очень простое – легко претворяется в жизнь – и я не хотел, чтобы его простота терялась в сложности – отсюда и эта маленькая книга.

Я привел цитаты из книги *Сила Благословения* Керри Кирквуда (Kerry Kirkwod), *Излияние Благодати: Становление Народом Благословения* Роя Годвина (Roy Godwin) и Дэйва Робертса (Dave Roberts), *Благословение Отца* Фрэнка Хэммонда (Frank Hammond) и *Чудо и Сила Благословения* Мориса Берквиста (Maurice Berquist). Я уверен, что вбирал и учился также у других людей и других книг, но с годами все это слилось воедино.

Обнаружение силы благословения откроет совершенно новый образ жизни для каждого, кто действует в соответствии с ним. Большую часть времени я провожу, благословляя людей – верующих и неверующих – в кафе, ресторанах, гостиницах, залах ожидания и даже на улице. Я благословлял сирот, персонал приюта, стюардессу в самолете, теплицы, животных, кошельки, бизнесы и медицинские диагнозы. У меня на груди рыдали взрослые мужчины и женщины, когда я провозглашал над ними отцовское благословение.

Беседуя с неверующими, я обнаружил, что «Могу ли я благословить вас/ваш бизнес / ваш брак и т. д.?» это менее опасно, чем «Могу ли я помолиться за вас?». Действительно, этот простой подход, выраженный любовью и заботой, привел к тому, что один из членов моей семьи узнал любовь и спасительную силу Иисуса Христа после многих лет споров.

Я часто не могу быть свидетелем результата, но я видел достаточно, чтобы знать, что благословение меняет жизнь. Оно изменило и мою жизнь.

Благословлять – это Божья природа, и как у творений, созданных по Его образу, это также заложено в нашей духовной ДНК. Святой Дух ожидает, что Божий народ выйдет с верой и властью, которую Иисус Христос завоевал для них, чтобы преображать жизни.

Я уверен, что вы найдете эту брошюру полезной. Иисус не оставил нас бессильными. Произнесение благословений во всевозможных ситуациях – это забытая духовная истина, которая имеет потенциал изменить ваш мир.

Радуйтесь.
Ричард Брантон

ЧАСТЬ ПЕРВАЯ:

Почему Благословение?

ПОНИМАНИЕ СУТИ

Моя жена Николь – уроженка Новой Каледонии, и это, конечно, означало, что мне нужно было научиться говорить по-французски и провести некоторое время на ее родной земле в Нумеа. Хотя Новая Каледония в основном является католической страной, я заметил, что многие люди все еще имеют контакт с «темной стороной», одновременно практикуя свою религию. Не было ничего необычного в том, что люди посещали медиума, ясновидящую или целителя, не понимая, что они на самом деле занимаются колдовством.

Я помню, как моя жена повела меня навестить молодую женщину лет двадцати, которую отвели к одному из этих «целителей», но которая вскоре после этого оказалась в доме для душевнобольных или депрессивных людей. Когда я понял, что она Христианка, я приказал демонам, которые вошли в нее, уйти, во имя Иисуса Христа.

Католический священник также молился, и, между нами, эта девушка была освобождена и вскоре после этого выписана из больницы.

Другие исповедовали свою католическую религию, и все же открыто демонстрировали статуи или артефакты других богов. Я встретил одного такого человека, у которого постоянно были проблемы с желудком. Однажды я сказал ему, что, если он избавится от большого, толстого Будды, который стоял перед его домом – он был весь освещен ночью – его проблемы с желудком прекратятся. Кроме того, некоторые из артефактов, которые он собрал, должны были уйти. Он сопротивлялся – как эти «мертвые» существа могли сделать его больным? Через несколько месяцев я снова увидел его и спросил, как его желудок. Несколько смущенно он ответил: «В конце концов, я последовал твоему совету и избавился от Будды. Мой желудок теперь в порядке».

В другой раз меня попросили пойти в дом женщины, больной раком. Прежде чем начать молиться, я предложил им избавиться от статуй Будды в гостиной, что ее муж немедленно и сделал. Когда я разрушил над ней проклятия и приказал демонам уйти во имя Иисуса, она описала, как ледяной холод поднялся по ее телу от ног и ушел от головы.

Итак, на этом фоне я решил дать учение на тему «проклятия» в молитвенной группе, которую мы с женой начали в нашей квартире в Нумеа. Учение основывалось на трудах Дерека Принса (Дерек Принс был известным библейским учителем двадцатого века). Пока я готовил свое послание на французском языке, я узнал, что их слово для проклятия было *malédiction*, а их слово для благословения – *bénédiction*. Коренное значение этих слов – «плохо говорить» и «хорошо говорить».

Раньше, когда я сравнивал проклятие и благословение, проклятие казалось темным, тяжелым и опасным, а благословение – довольно легковесным и безвредным. Я и раньше слышал учения о проклятии, но никогда о благословении – что, вероятно, способствовало моему восприятию. Я также никогда не слышал, чтобы кто-то благословлял другого человека намеренно и с влиянием. На самом деле, степень благословения Христианина могла сводиться лишь к тому, чтобы сказать «будь здоров» (на английском bless you – благословляю вас, *прим.перевод*.), когда кто – то чихает, или написать «благословляю» в конце письма или электронной почты – как если бы это было почти привычкой, а не чем-то преднамеренным.

Позже, когда я размышлял над этими словами, «проклятие» и «благословение», мне пришла мысль, что если «дурная речь» была могущественной, то «хорошая речь» должна быть, по меньшей мере, столь же могущественной, а с Богом, вероятно, гораздо более могущественной!

Это откровение вместе с другими прозрениями, о которых мы поговорим позже, направило меня на путь открытия силы благословения.

СИЛА НАШИХ СЛОВ

Не желая повторять то, что было сказано во многих хороших книгах о силе наших слов, я хочу дать краткое изложение того, что я считаю очень важным в этой области.

Мы знаем, что:

> *Смерть и жизнь – во власти языка, и любящие его вкусят от плодов его. (Притчи 18:21)*

Слова обладают огромной силой – либо позитивной и созидательной, либо негативной и разрушительной. Каждый раз, когда мы произносим слова (и даже используем определенный тон, который добавляет смысл словам), мы говорим или жизнь, или смерть тем, кто нас слышит, и самим себе. Далее, мы знаем, что:

> *...от избытка сердца говорят уста. Добрый человек из доброго сокровища выносит доброе, а злой человек из злого сокровища выносит злое. (Матфея 12:34-35)*

Так, от критического сердца говорит критический язык; от самоправедного сердца – осуждающий язык; от неблагодарного сердца – жалующийся язык и т. д. Точно так же и похотливые сердца приносят соответствующие плоды. Мир полон негативных высказываний. Средства массовой информации извергают их изо дня в день. Человеческая природа такова, какова она есть, и мы не склонны хорошо говорить о людях или ситуациях. Кажется, что это не то, что приходит к нам, само собой. Мы часто ждем, пока люди умрут, прежде чем говорить о них приятные вещи. Однако «доброе сокровище» исходит из любящих сердец, которые будут говорить милостивым языком; от мирных сердец, от примиряющего языка и так далее.

Утверждение «и те, кто любит его, будут есть его плоды» предполагает, что мы пожнем то, что посеяли – будь то хорошо или плохо. Другими словами, вы получите то, что говорите. Что вы об этом думаете?

Это справедливо для всех людей, независимо от того, имеют они Христианскую веру или нет. Христиане и нехристиане одинаково могут говорить слова жизни – например, любой из них может сказать: «Сынок, это отличная хижина, которую ты построил. В один прекрасный день ты можешь стать отличным строителем или архитектором. Отлично сработано».

Однако рожденный свыше Христианин имеет новое сердце. Библия говорит, что мы – «новые творения» (2 Коринфянам 5:17). Поэтому, как Христиане, мы должны делать больше хорошего говорения и меньше плохого. Мы можем легко впасть в негатив, если не будем тщательно охранять свои сердца и слова. Как только вы начнете сознательно думать об этом, вы будете удивлены, как часто Христиане – даже невольно – проклинают себя и других. Подробнее об этом позже.

ПЕРЕХОД ОТ ДОБРЫХ СЛОВ К БЛАГОСЛОВЕНИЮ: НАШЕ ПРИЗВАНИЕ

Как Христиане, с жизнью Господа Иисуса, текущей через нас, мы можем выйти за рамки просто хороших слов – мы можем говорить и провозглашать благословения над людьми или ситуациями – и действительно мы призваны делать это. Возможно, благословение – это наше великое призвание. Прочтите следующее:

Будьте […] милосерды, дружелюбны, смиренномудры; не воздавайте злом за зло или ругательством за ругательство; напротив, благословляйте, зная, что вы к тому призваны, чтобы наследовать благословение. (1 Петра 3:8-9)

Мы призваны благословлять и принимать благословение.

Первое, что Бог сказал Адаму и Еве, было благословение:

> *И благословил их Бог, и сказал им Бог: плодитесь и размножайтесь, и наполняйте землю, и обладайте ею…(Бытие 1:28)*

Бог благословил их, чтобы они могли плодиться. Благословение – это атрибут Бога – это то, что он делает! И подобно Богу – и от Бога – мы тоже имеем власть и силу благословлять других.

Иисус благословлял. Последнее, что Он сделал, даже когда собирался вознестись на небеса – благословил Своих учеников:

> *И вывел их вон из города до Вифании и, подняв руки Свои, благословил их. И, когда благословлял их, стал отдаляться от них и возноситься на небо. (Луки 24:50-51)*

Иисус – наш пример для подражания. Он сказал, что мы должны делать то же самое, что и Он, во имя Его. Мы созданы Богом, чтобы благословлять.

ЧТО ТАКОЕ ХРИСТИАНСКОЕ БЛАГОСЛОВЕНИЕ?

В Ветхом Завете слово «благословение» – это еврейское слово барак. Это просто означает: «проговаривать намерение Бога».

В Новом Завете слово «благословение» является греческим словом eulogia, от которого мы получаем слово «евлогия». Таким образом, на практике это означает «говорить хорошо» или «говорить намерение и благоволение Бога» о человеке.

Вот определение благословения, которое я использую в этой книге. Благословение – это выражение намерений или милости Бога по отношению к кому-то или к какой-то ситуации.

Бог, по большей части, в своей мудрости, решил ограничить Свою работу на земле тем, что он может сделать через свой народ. Вот как Он приносит Свое Царство на землю. Соответственно, Он хочет, чтобы мы благословляли от Его имени. Таким образом, как Христианин, я могу говорить намерения Бога или Его благосклонность над кем-то или какой-то ситуацией во имя Иисуса. Если я делаю это с верой и любовью, тогда за тем, что я говорю, стоит небесная сила, и я могу ожидать, что Бог изменит все с того места, где они есть, туда, где он хочет, чтобы они были. Когда я благословляю кого-то намеренно, с любовью и верой, я даю возможность Богу активизировать Его планы в отношении этого человека.

С другой стороны, кто-то может намеренно или, как правило, непреднамеренно говорить о намерениях сатаны в отношении кого-то или даже самих себя, что затем позволяет демоническим силам активизировать свои планы в отношении этого человека – то есть украсть, убить и уничтожить. Но, слава Богу, что

Тот, Кто в вас, больше того, кто в мире (1 Иоанна 4:4)

Благословлять – это самое сердце Бога, воистину, сама Его природа! Желание Бога благословить – это поразительно экстравагантно. Ничто не может остановить Его. Он полон решимости благословить человечество. Он жаждет, чтобы у Иисуса было много братьев и сестер. Это мы! Тем не менее, в то время как это само сердце Бога благословлять человечество, еще больше Он желает, чтобы Его люди благословляли друг друга.

Когда мы благословляем во имя Иисуса, Святой Дух приходит, потому что мы отражаем то, что делает Отец – мы говорим слова, которые Отец желает, чтобы они были сказаны. Я постоянно поражаюсь тому, насколько это верно. Когда я благословляю кого-то, Святой Дух участвует – Он касается другого человека, высвобождается любовь, и все меняется. Часто после этого люди обнимают меня или плачут и говорят: «Ты не знаешь, как это было своевременно и мощно», или «ты не знаешь, как сильно мне это было нужно».

Но вот что очень важно отметить: мы благословляем из места близости с Богом, из Его присутствия.

Наша духовная близость с Богом очень важна. Наши слова – это Его слова, и они помазаны Его силой, чтобы осуществить Его намерения для этого человека или ситуации. Но давайте сделаем небольшое отступление…

НАША ДУХОВНАЯ ВЛАСТЬ

В Ветхом Завете священники должны были ходатайствовать за народ и произносить над ним благословения.

Так благословляйте сынов Израилевых, говоря им:

Да благословит тебя Господь и сохранит тебя!
Да призрит на тебя Господь светлым лицом Своим и помилует тебя!
Да обратит Господь лицо Свое на тебя и даст тебе мир!

Так пусть призывают имя Мое на сынов Израилевых, и Я благословлю их. (Числа 6:23-27)

В Новом Завете мы, как Христиане, называемся:

род избранный, царственное священство, народ святой, люди, взятые в удел, дабы возвещать совершенства Призвавшего вас из тьмы в чудный Свой свет. (1 Петра 2:9)

И Иисус

соделал нас царями и священниками Богу и Отцу Своему, слава и держава во веки веков, аминь. (Откровение 1:6)

Некоторое время назад я сидел на Оуэн Торо, наблюдательном пункте в Нумеа, и искал послание, которое можно было бы передать молитвенной группе. Я почувствовал, как Бог сказал: «Вы не знаете, кто вы». Затем несколькими месяцами позже: «Если бы вы только знали, какой властью обладаете во Христе Иисусе, вы изменили бы мир». Оба эти послания были адресованы определенным группам людей, но, как я понял позже, они были адресованы и мне.

Я думаю, что в Христианских кругах широко известно, что обращение непосредственно к болезни или состоянию («к горе» – Марка 11:23) и повеление исцелиться более эффективно, чем просьба Бога сделать это (Матфея 10:8; Марка 16:17-18). Это, безусловно, был мой опыт и опыт многих других известных и уважаемых людей, активных и успешных в служении исцеления и освобождения. Я верю, что Иисус действительно говорит: «*Вы* исцеляйте больных (во имя Мое). Это не *Моя* работа, а ваша. *Вы это сделайте*».

Бог хочет исцелять, и Он хочет делать это через нас. Бог хочет избавить, и Он хочет сделать это через нас. Бог хочет благословлять, и Он хочет делать это через нас. Мы можем просить Бога благословить, или мы можем благословить во имя Иисуса.

Несколько лет назад я, помнится, нашел время пораньше выйти на работу, чтобы благословить свой бизнес. Я начал с того, что сказал: «Боже, благослови Колмар Брантон», – я ничего не почувствовал. Затем я сменил – поначалу немного робко с «Боже, благослови Колмар Брантон» на:

Колмар Брантон, я благословляю тебя во

имя Отца, Сына и Святого Духа.
Я благословляю тебя в Окленде, и я благословляю тебя в Веллингтоне, и я благословляю тебя в регионах.
Я благословляю тебя на работе и благословляю тебя дома.
Я высвобождаю Царство Божье в этом месте.
Приходи, Святой Дух, Тебе здесь рады.
Я высвобождаю любовь и радость, и мир, и терпение, и доброту, и кротость, и верность, и самоконтроль, и единство.
Во имя Иисуса я высвобождаю идеи из Царства Божьего, которые помогут нашим клиентам добиться успеха и сделать мир лучше.
Я высвобождаю благосклонность на рынке клиентов.
Я высвобождаю благосклонность на рынке труда.
Я благословляю наше видение «Лучше бизнес, лучше мир». Во имя Иисуса, аминь.

Когда я чувствовал Божье водительство, я делал

крестное знамение у нашего входа и духовно применял защиту крови Иисуса над нашими делами.

С того момента, как я перешел от «Боже, благослови Колмар Брантон» на «Я благословляю Колмар Брантон во имя Отца, Сына и Святого Духа», на меня снизошло помазание Божье – я чувствовал Божье одобрение и подкрепление. Он как будто говорил: «Ты все понял, сынок, вот чего Я от тебя хочу». Хотя я, должно быть, делал это уже сотни раз, я всегда чувствовал Божье благоволение в этом. А результаты? Атмосфера в офисе изменилась, и изменилась быстро, до такой степени, что люди открыто говорили об этом и удивлялись, почему все так изменилось. Это действительно было потрясающе! Благословение действительно может изменить наш мир.

Но на этом я не остановился. Утром, когда кабинет был еще пуст, когда я подходил к стулу человека, нуждавшегося в мудрости для конкретной ситуации, я благословлял его, возлагая руки на стул, веря, что помазание для совершения благословения перейдет в ткань стула и далее на человека, сидящего на нем (Деяния 19:12). Всякий раз, когда я знал о конкретных потребностях, с которыми сталкивались люди, я благословлял таким образом.

Особенно мне запомнился человек, который привычно богохульствовал – то есть употреблял Имя Божие как ругательство. Однажды утром я возложил руки на его стул, связывая дух богохульства во имя Иисуса. Это произошло в несколько попыток, но, в конце концов, злой дух, который стоял за этим, должен был преклонить колено перед большей силой, и богохульство исчезло из рабочего лексикона человека.

Я также помню человека, который пришел ко мне для молитвы, желая, чтобы Бог вывел его с его места работы, потому что все там богохульствовали. Я придерживался противоположной точки зрения: этот человек был там, чтобы благословить свое рабочее место и изменить атмосферу! Мы можем изменить наш мир.

У меня сложилось мнение, что, хотя Бог желает

благословить человечество, еще больше Он желает, чтобы мы – Его народ, Его дети – благословили человечество. У вас есть духовная власть. Вы благословляйте!

Наш Небесный Отец хочет, чтобы мы участвовали вместе с ним в Его искупительной работе. Мы можем благословить человечество исцелением и освобождением, но мы также можем благословить человечество нашими словами. Мы – люди, которых Бог использует для благословения мира. Какая привилегия и ответственность!

Таким образом, для меня благословение – это выражение Божьих намерений над жизнью людей или ситуациями с любовью, с открытыми глазами, намеренно, с авторитетом и силой, из нашего духа, наполненного Святым Духом. Проще говоря, благословение действует в вере, объявляя намерение Бога для человека или ситуации. Когда мы провозглашаем намерение Бога, мы высвобождаем Его способность изменять вещи с того места, где они есть, на то, где Он хочет, чтобы они были.

И помните – мы благословлены, потому что мы благословляем.

ЧАСТЬ ВТОРАЯ:

Как Это Сделать

НЕКОТОРЫЕ ВАЖНЫЕ ПРИНЦИПЫ

Сделайте чистоту речи образом жизни

Из тех же уст исходит благословение и проклятие: не должно, братия мои, сему так быть. (Иакова 3:10)

...если будешь говорить важное, а не пустословить, станешь Моими устами. (Иеремия 15:19b)

Если вы хотите говорить о намерениях Бога над людьми, то вам нужно избегать говорить слова, которые ничего не стоят – или хуже, чем ничего не стоят.

Спросите Святого Духа, что сказать

Разбудите свой дух (через поклонение или говорение на языках). Попросите Святого Духа дать вам почувствовать любовь Отца к человеку, которого вы хотите благословить. Молитесь что-то вроде этого:

Отец, что ты хочешь, чтобы я сказал? Пожалуйста, дай мне слово благословения для этого человека. Как я могу ободрить или утешить его или её?

Благословение отличается от ходатайства
Большинство людей считают, что довольно трудно научиться произносить благословения. Они сразу начинают «ходатайствовать», прося Отца благословить их. Хотя это и хорошо, благословение, произнесенное таким образом, на самом деле является молитвой, и важно знать разницу. Провозглашение или произнесение благословений не заменяет молитву и ходатайство, но является их спутником – им следует регулярно находиться вместе.

Авторы Рой Годвин и Дэйв Робертс в своей книге Излияние Благодати очень хорошо это описали:

Когда мы благословляем, мы смотрим человеку в глаза (если это возможно) и говорим прямо к нему или к ней. Например, мы можем сказать что-то вроде: «Я благословляю вас во имя Господа, чтобы благодать Господа Иисуса почила на вас. Я благословляю вас во имя Его, чтобы любовь Отца могла окружить вас и наполнить вас; чтобы вы могли знать в своем глубочайшем существе, насколько полноценно и совершенно Он принимает вас и радуется о вас».

Обратите внимание на личное местоимение «Я». Это я произношу благословение во имя Иисуса непосредственно над человеком. Я не молился Богу о благословении, но говорил благословение, используя власть, которую Иисус дает нам, чтобы произнести благословение над людьми, чтобы Он мог прийти и благословить их.

Не судите

Не судите, заслуживает ли кто-то благословения или нет. Истинное благословение, произнесенное над кем-то или чем-то, описывает то, как Бог видит их. Внимание Бога сосредоточено не на том, какими они могут казаться в данный момент, а на том, какими они должны быть.

Например, Бог назвал Гедеона «мужем силы» (Судьи 6:12), хотя в то время он был кем угодно, только не им! Иисус называл Петра «скалой» (Матфея 16:18) до того, как у него появились «плечи», чтобы нести бремя других людей на них. Далее мы читаем: «Бог … животворящий мертвых и называющий несуществующее как существующее» (Римлянам 4:17). Если мы поймем это, то это устранит нашу склонность действовать как «судья» в отношении того, заслуживает ли кто-то благословения.

Чем меньше люди заслуживают благословения, тем больше они в нем нуждаются. Люди, которые благословляют недостойных людей, получают взамен величайшее благословение.

Пример для иллюстрации

Представьте себе, что есть человек по имени Фред, у которого есть проблемы с алкоголем. Жена Фреда недовольна им, поэтому, возможно, она будет молиться что-то вроде этого: «Боже, благослови Фреда. Заставь его бросить пить и слушать меня». Но было бы гораздо более убедительно сказать что-то вроде:

Фред, я благословляю тебя во имя Иисуса. Да сбудутся Божьи планы на твою жизнь. Пусть ты станешь тем человеком, мужем и отцом, каким Бог предназначил тебе быть. Я благословляю тебя свободой от зависимости. Я благословляю тебя миром Христовым.

Первое благословение передаёт проблему Богу. Это не требует усилий – это лень. Оно также осуждающее, полно самоуверенности, и фокусируется на грехах Фреда.

Второе благословение требует больше размышлений и больше любви. Это не предвзятое суждение, и оно фокусируется на потенциале Фреда, а не на его нынешнем состоянии. Недавно я слышал, как кто-то сказал, что сатана знает наше имя и потенциал, но называет нас нашим грехом, в то время как Бог знает наш грех, но называет нас нашим настоящим именем и потенциалом. Второе благословение больше соответствует Божьим планам и целям. Оно отражает искупительное сердце Бога. Помните, что Бог любит Фреда.

РАЗЛИЧНЫЕ СИТУАЦИИ, С КОТОРЫМИ МЫ МОЖЕМ СТОЛКНУТЬСЯ

Я – ученик благословения. Когда я начал, я не знал, как благословлять, и я не нашел того, что могло бы помочь мне. Я довольно быстро начал понимать, что есть много различных видов ситуаций, с которыми вы можете столкнуться, поэтому я хочу предложить вам следующие рекомендации. Вы можете адаптировать их к потребностям вашей конкретной ситуации, и в соответствии с тем, что вы верите, Святой Дух хочет, чтобы вы сказали. Это потребует практики, но оно того стоит.

Благословение тех, кто поносит или проклинает вас

Много лет назад ко мне домой зашла сотрудница, которая недавно уволилась, чтобы попить кофе и попрощаться. Ее верования были в духе нью-эйдж

– «богиня внутри» и тому подобное. Во время разговора она сказала, что последние две компании, в которых она работала и которые покинула, впоследствии разорились. В то время я только недавно стал Христианином, но все равно понял, что ее слова были непроизнесенными проклятиями. На несколько секунд меня охватил страх, а затем я мысленно отказался принять его. Но я не сделал следующего шага, чтобы благословить ее. Попросив у нее разрешения помолиться о том, что было у меня на сердце, я мог бы сказать что-то вроде:

Дебора (не настоящее ее имя), я связываю влияние колдовства в твоей жизни. Я благословляю тебя во имя Иисуса. Я провозглашаю благость Божью над тобою. Да сбудутся Божьи намерения для твоей жизни ... я благословляю твои дары, пусть они благословят твоего будущего работодателя и принесут славу Богу. Пусть ты станешь чудесной женщиной Бога, какой Он хочет тебя видеть. Во имя Иисуса, аминь.

Благословение тех, кто обижает или отвергает вас

Однажды я молился за женщину, которая переживала эмоциональные и финансовые трудности после того, как ее бросил муж. Я спросил ее, может ли она простить его. Это было трудно, но, к ее чести, она сделала это. Затем я спросил ее, может ли она благословить своего мужа. Она была немного шокирована, но захотела попробовать. Несмотря на то, что ее муж отсутствовал, я повел ее в благословении:

Я благословляю тебя, мой муж. Пусть все Божьи планы относительно твоей жизни и нашего брака осуществятся. Пусть ты станешь тем мужчиной, мужем и отцом, каким Бог хочет видеть тебя. Да пребудет с тобой божья Благодать и милость. Во имя Иисуса, аминь.

Вначале было неловко, но потом она поймала сердце Отца, и Божье помазание пришло. Мы оба плакали, когда Святой Дух служил ей и, я думаю, ее мужу тоже. Божьи пути – это не наши пути.

Благословлять в таких ситуациях так мужественно – величественно, даже – подобно Христу.

Благословение недостойных – это сердце Бога – Его специальность, так сказать. Вспомните вора, распятого рядом с Иисусом, или женщину, уличенную в прелюбодеянии. А как насчет нас с вами?

Благословение «не от мира сего» и противоречит интуиции – это не то, что люди естественно склонны делать в болезненных ситуациях. Но это Божий путь, и он может исцелить как того, кто совершает благословение, так и того, кто его получает. Он отсекает ядовитые струи горечи, мести, обиды и гнева, которые в противном случае могли бы повредить вашему телу и сократить вашу жизнь.

Вот письмо, которое я недавно получил от Дэниса:

Около трех месяцев назад я разговаривал с братом по телефону. Мы мало общаемся, так как он живет и работает в другом городе.

Когда мы уже собирались закончить нашу дружескую беседу, я спросил его, не позволит ли он мне благословить дело, которым он занимался со своей женой. Он не очень хорошо на это ответил. Он был очень груб и сказал некоторые вещи, которые действительно расстроили меня, и я подумал, что наши отношения навсегда повреждены. Однако в последующие дни и недели, когда я занимался своей повседневной жизнью, я использовал принципы удивительной силы благословения, чтобы провозглашать Божью милость на дела моего брата. Иногда я делал это два – три раза в день. А потом, три месяца спустя, за день до Рождества, брат позвонил мне, как ни в чем не бывало. Я был очень удивлен его очень дружелюбным отношением, и между нами не было никакой обиды.

Удивительная сила благословения обстоятельств, находящихся вне нашего контроля действительно работает ... Хвала Господу!

Благословение тех, кто провоцировал вас
Одна из самых неприятных вещей для некоторых из нас – это когда люди делают эгоистичные, невнимательные или откровенно мошеннические вещи при езде на машине. Это происходит постоянно. Нехристианские слова могут прийти на ум и мгновенно слететь с наших уст. Когда это происходит, мы проклинаем того, кто был создан Богом и кого Бог любит. Бог вполне может защитить этого человека.

В следующий раз, когда это произойдет, попробуйте благословить другого автомобилиста, вместо того, чтобы говорить сердитые слова:

Я благословляю того молодого человека, который подрезал меня (влез без очереди). Я заявляю о Твоей любви к нему, Господь. Я высвобождаю Твою доброту к нему и все твои намерения относительно его жизни. Я благословляю этого молодого человека и призываю к высвобождению его потенциал. Пусть он благополучно доберется домой и станет благословением для своей семьи. Во имя Иисуса, аминь.

Или менее формально:

Отец, Я благословляю водителя этой машины, во имя Иисуса. Пусть Твоя любовь преследует его, настигнет и арестует его!

Одна из моих читательниц сделала интересное наблюдение:

Я заметила, что благословение изменило меня. Я не могу сначала благословлять людей, которые раздражали меня, например, а затем говорить – или даже думать – неправильные мысли о них. Это было бы неправильно. Вместо этого я ищу хороших результатов, которые должны прийти от благословения... – Джиллиан

Однажды у меня был друг по имени Джон, который пригласил меня помолиться над семейным спором о наследстве. Спор затягивался и становился все более неприятным. Я предложил, чтобы вместо того, чтобы молиться, мы благословили ситуацию.

Мы благословляем эту ситуацию спора об этом наследстве во имя Иисуса. Мы выступаем против разделения, разногласия и раздоров, и мы высвобождаем справедливость, честность и примирение. Благословляя эту ситуацию, мы откладываем в сторону наши собственные мысли и желания и высвобождаем Бога, чтобы привести в действие Его намерения по разделению наследства. Во имя Иисуса, аминь.

Через пару дней вопрос был решен мирным путем. Мне нравится то, что сказал один из моих читателей:

Я был ошеломлен быстрым «временем отклика», которое я видел в благословении других. Это, как если бы Господь был наготове запустить ответ к людям в Его любви, если бы мы только произнесли молитвы благословения на них. – Пастор Дарин Олсон

Благословение действительно может изменить наш мир.

БЛАГОСЛОВЕНИЕ, А НЕ ПРОКЛЯТИЕ, САМИХ СЕБЯ

Распознавание и разрушение проклятий

Как часто встречаются такие мысли: «я уродлив, я туп, я неуклюж, я тугодум, никто меня не любит, Бог никогда не сможет использовать меня, я грешник…»? Существует так много лжи, в которую сатана заставляет нас верить.

У меня есть подруга, которая делает это все время, и это печалит меня. «Ах ты, глупая девчонка, Роза (не настоящее ее имя). Ты опять все испортила. Ты ничего не можешь сделать правильно…».

Не повторяйте и не принимайте эти проклятия! Вместо этого благословите себя.

Я помню одну ситуацию в молитвенной группе. Я различил дух никчемности над женщиной, которая пришла, чтобы за нее помолились. Во время молитвы она сказала: «я глупая». Я спросил ее, где она это слышала. Она сказала мне, что ее родители говорили это ей не раз. Как печально … и как часто это бывает.

Я направил ее в благословении:

Во имя Иисуса, Я прощаю своих родителей. Я прощаю себя. Я разрушаю слова, которые мои родители и я говорили надо мной. У меня – ум Христов. Я очень умная.

Мы без промедления изгнали дух отверженности и никчемности, а затем я благословил ее и объявил над ней, что она была Божьей принцессой, что она была ценна для Него, что Бог собирался использовать ее, чтобы благословить других, принести эмоциональное исцеление и надежду другим. Я благословил ее смелостью.

Она медленно впитывала это благословение. Она начала сиять. На следующей неделе она рассказывала, как много пользы это ей принесло. Мы действительно можем изменить наш мир.

Любой может это сделать. Библия полна Божьих намерений для людей, и мы можем объявить эти намерения над ними.

Я хотел бы привести еще один пример. Недавно я молился за одну женщину, у которой болел живот. Когда я молился, Святой Дух сошел на нее, и она согнулась пополам, когда демоны оставили ее. Несколько дней все шло хорошо, а потом боль вернулась. – Почему, Господи? – спросила она. Она почувствовала, как Святой Дух напомнил ей, что некоторое время назад, когда она была в лагере, кто-то сказал ей, чтобы она приготовила курицу правильно, иначе люди заболеют. Она ответила, что не хочет болеть в течение следующих нескольких дней (продолжительность конференции), но после этого – это будет неважно. Она должна была сломить силу этих небрежных слов, и после этого она немедленно восстановила свое исцеление.

Благословение своих уст

Я благословляю свои уста произносить то,

что драгоценно, а не то, что бесполезно, и быть как уста Господа. (На основании Иеремии 15: 19)

Многие из чудес Иисуса были совершены только благодаря тому, что он говорил. Например: «пойди, сын твой здоров» (Иоанна 4: 50). Я хочу этого. Вот почему я благословляю свои уста и охраняю то, что из него выходит.

Однажды мы с женой остановились в отеле в Нумеа. Мы слышали, как почти непрерывно в течение всей ночи плакал ребенок. После двух таких ночей моя жена вышла на соседнюю террасу и спросила мать ребенка, что случилось. Женщина не знала, но сказала, что доктор уже третий раз выписывал ребенку антибиотики, и ничего не помогало. Моя жена спросила ее, Могу ли я помолиться за ребенка, и она согласилась, хотя и скептически. Поэтому на своем очень среднем французском я молился за ребенка и говорил с верой о ребенке, чтобы она «спала как младенец». И она это сделала.

Благословение своего ума

Я часто говорю:

Я благословляю свой ум; у меня есть ум Христа. Поэтому я думаю Его мыслями. Пусть мой ум будет святым местом, где Святой Дух желает пребывать. Пусть он получит слова знания, мудрости и откровения.

Время от времени я борюсь с чистотой своих мыслей и нахожу, что это помогает. Я также благословляю свое воображение, чтобы оно могло быть использовано во благо, а не во зло. На днях у меня были некоторые трудности с моим воображением – оно блуждало во всевозможных местах, куда я не хотел его пускать – И Бог внушил мне «увидь в своем воображении Иисуса, творящего чудеса…, затем увидь себя, творящим их». Я обнаружил, что гораздо эффективнее думать о чем-то хорошем (Филиппийцам 4:8), чем думать о том, чтобы не думать о чем-то! А благословение собственного ума и воображения очень помогает в достижении цели святости.

Однажды, когда я был подавлен неудачей в моей мыслительной жизни, слова старого гимна всплыли в моем сердце:

Будь моим видением, О Господь моего сердца.
Ничто не будет для меня всем, кроме того, что Ты есть.
Ты моя лучшая мысль днем или ночью
Бодрствуя или спя, Твое присутствие –
мой свет.

Благословение нашего тела

Знаком ли вам стих: «Веселое сердце благотворно, как врачевство» (Притчи 17:22)? Библия говорит, что наши тела реагируют на позитивные слова и мысли:

Я благословляю свое тело. Сегодня я изгоняю прочь всякую немощь. Я благословляю свое физическое состояние.

Однажды я смотрел видео о человеке, у которого

была серьезная проблема с сердцем. Его протоки были заблокированы. Он благословлял свои артерии около трех месяцев, объявляя их дивно и чудесно сделанными. Вернувшись к врачу, он обнаружил, что у него чудесным образом оказались новые артерии!

Я думал, что попробую это для моей кожи. У меня с детства были проблемы с повреждениями от солнца на коже. Теперь, в моем преклонном возрасте, на плечах и спине появлялись маленькие наросты, которые нужно было отмораживать каждые несколько месяцев. Я решил благословить свою кожу. Сначала я просто благословлял ее во имя Иисуса. Но потом я прочитал кое-что о природе кожи, что изменило мою точку зрения. Я понял, что, хотя и был покрыт ею, я мало что знал о самом большом органе в моем теле. Я говорил о нем, но никогда не говорил к нему. И я сомневаюсь, что говорил что-то хорошее о ней – вместо этого я жаловался. Я был неблагодарен.

Но кожа удивительна. Это система кондиционирования и канализации. Она защищает тело от проникновения микробов, и сама себя лечит. Она покрывает и защищает все наши внутренние органы и делает это красиво.

Благодарю Господа за кожу, морщины и все такое. Благословляю тебя, кожа.

После нескольких месяцев такого благословения моя кожа теперь почти зажила, но ключ был тогда, когда я начал ценить и быть благодарным за это. Она дивно и чудно устроена. Действительно, настоящий урок. Жалоба отталкивает Царство Божье; благодарность притягивает его.

Вот свидетельство моего друга Дэвида Гудмана:

Несколько месяцев назад я услышал, как Ричард проповедовал на тему благословения – тема несколько безобидная, но резонирующая оттуда, от куда она исходит. В результате мы пришли к выводу, что благословение не обязательно должно быть тем, о чем мы просим Бога, но что мы, как Христиане, имеем власть, если не ответственность, принести в этот падший мир и, как послы Христа, оказать влияние на жизнь других людей ради Царства Божьего. Мы можем выйти и благословить их в их жизни, и в то же время явить им Христа.

Идея хороша, когда кто-то рассматривает других в качестве объекта благословения, но, когда я должен был подумать о благословении себя, я пришел в замешательство. Я не мог отделаться от мысли, что я недостоин, что я эгоистичен, что я принимаю Бога как должное. Мои представления изменились, когда я увидел, что мы, как Христиане, являемся новым творением, рожденным свыше и созданным для цели, которую Бог запланировал для нас. Таким образом, тело, которое мы имеем сейчас, является тем, что мы должны ценить и беречь – мы теперь, в конце концов, храм для обитания Святого Духа.

Тем не менее, я начал короткий экспе-

римент – каждый день я просыпался и благословлял часть своего тела, благодарил ее за ее работу; хвалил ее за хорошо выполненную работу. Я хвалил свои пальцы за их ловкость, за навыки, которыми они обладают, выполняя все задачи, которые от них требуются, и даже больше. Я хвалил и благодарил свои ноги за неустанную работу по транспортировке и скорости, за их способность работать в унисон. Я хвалил свое тело за то, что все его части хорошо работают вместе. Из этого всего получилась одна интересная вещь.

Поскольку я чувствовал себя намного лучше физически и умственно, я обратил свои мысли к боли, которая уже несколько месяцев была у меня в нижней части руки – боль, которая, казалось, была в кости и которую нужно было регулярно растирать, чтобы хотя бы частично облегчить постоянную пульсацию. Я сосредоточился на этой области, восхваляя свое тело за его исцеляющие способности, за его упорство в преодоле-

нии тех вещей, которые восстают против него, за поддержку, которую другие части тела дают той части, которая в этом больше всех нуждается в этот момент. Всего через три недели я проснулся однажды утром и понял, что больше не чувствую боли в руке, что боль полностью исчезла и больше не возвращается.

Я пришел к пониманию того, что, хотя, несомненно, есть время и место для проявления дара исцеления через веру на благо других, есть также и другой путь, открытый для проявления дара исцеления в нас самих. Это урок смирения, что мы можем доверять тому, что Бог дал нашим новым телам, что мы можем идти вперед с уверенностью в новом и живом образе жизни.

Я получил много свидетельств физического исцеления в ответ на благословение. Вы можете прочитать их по ссылке www.richardbruntonministries.org/testimonies.

Благословение вашего дома, брака и детей

Ваш дом – типичное благословение дома

Благословение вашего дома является хорошей идеей, и хорошо возобновлять это благословение, по крайней мере, один раз в год. Благословение места, где вы живете, попросту включает в себя использование вашей духовной власти во Христе Иисусе, для посвящения и освящения этого места для Господа. Это приглашение Святого Духа прийти, и принуждение всего остального, что не от Бога, уйти.

Дом – это не просто кирпичи и известь, в нем тоже есть индивидуальность. Точно так же, как у вас есть законный доступ к вашему дому сейчас, кто-то другой имел законный доступ к нему, или к вашей собственности, до вас. В этом месте могли произойти вещи, которые принесли либо благословения, либо проклятия. Что бы ни случилось, именно ваш авторитет определяет, какой будет духовная атмосфера дома отныне. Если демоническая активность все еще продолжается из прошлого владения, вы, вероятно, почувствуете ее – и изгнать эти силы или нет, является вашим выбором.

Конечно, вы должны учитывать, каким демоническим силам вы сами невольно даете доступ в свой дом. Есть ли у вас нечестивые: картины, артефакты, книги, музыка или DVD-диски? Какие телепрограммы вы допускаете? Есть ли грех в вашем доме?

Вот простое благословение, которое вы могли бы благословить свой дом, проходя комнату за комнатой:

Я благословляю этот дом, наш дом. Я заявляю, что этот дом принадлежит Богу, я посвящаю его Богу и помещаю его под господство Иисуса Христа. Это – дом благословения.

Я разрушаю каждое проклятие в этом доме кровью Иисуса. Я беру власть над каждым демоном во имя Иисуса и приказываю им уйти сейчас и никогда не возвращаться. Я изгоняю всякий дух раздора, разделения и вражды. Я изгоняю дух бедности.

Приди Святой Дух и изгони все, что не от тебя. Наполни этот дом своим присутствием. Пусть Твои плоды придут: любовь, радость, мир, долготерпение, благость, милосердие, кротость, вера и воздержание. Я благословляю этот дом полным покоем и безграничной любовью. Пусть все, кто придет сюда, почувствуют Твое присутствие и будут благословлены. Во имя Иисуса, аминь.

Я обходил границу своей собственности, благословляя ее и духовно применяя кровь Иисуса Христа для защиты собственности и людей, находящихся в ней, от всякого зла и от стихийных бедствий.

Ваш брак

Мы имеем брак, который мы благословляем, или брак, который мы проклинаем.

Когда я впервые прочитал это заявление Керри Кирквуда в *Силе Благословения*, я был немного шокирован. Правда ли это так?

Я много думал об этом, и я верю, что эти слова в значительной степени верны – любое несчастье с нашим браком или нашими детьми происходит из-за того, что мы не благословляем их! Благословляя, мы получаем Божью благость по отношению к нам в полной мере – включая долгую жизнь и здоровые отношения. Мы становимся участниками или партнерами того, что мы благословляем и кого мы благословляем.

Остерегайтесь проклятий. Мужья и жены так хорошо знают друг друга. Мы знаем все наши слабости. Говорили ли вы что-нибудь подобное? Говорил ли кто-нибудь о вас такие вещи? «Ты никогда не слушаешь», «у тебя ужасная память». «Ты не умеешь готовить», «ты безнадежен в...» Если говорить достаточно часто, такие слова становятся проклятиями и становятся правдой.

Не проклинайте, благословляйте. Помните, если

вы будете проклинать (произносить слова смерти), вы не унаследуете благословение, которое Бог хочет для вас. Хуже того, проклятие действует на *нас* сильнее, чем на того, кого мы проклинаем. Может быть, это одна из причин, почему наши молитвы могут быть не отвечены?

Научиться благословлять может быть равно тому, что и выучить новый язык – неловко поначалу. Например,

Николь, я благословляю тебя во имя Отца, Сына и Святого Духа. Я высвобождаю всю Божью благость на тебя. Пусть Божьи намерения в отношении твоей жизни осуществятся.

Я благословляю твой дар встречать и любить людей, твой дар теплого гостеприимства. Я благословляю твой дар заставлять людей чувствовать себя непринужденно. Я провозглашаю, что ты хозяйка от Бога, что ты принимаешь людей так, как Он. Я благословляю тебя

силой, чтобы ты продолжала делать это даже в преклонном возрасте. Я благословляю тебя здоровьем и долгоденствием. Я благословляю тебя елеем радости.

Ваши дети

Есть много способов благословить ребенка. Вот как я благословляю свою внучку, которой четыре года:

Эшли, я благословляю твою жизнь. Пусть ты станешь чудесной женщиной от Бога. Я благословляю твой ум, чтобы тебе быть здоровой и иметь мудрость и проницательность во всех решениях. Я благословляю твое тело быть чистым до брака и быть здоровым и сильным. Я благословляю твои руки и ноги, чтобы делать работу, которую Бог запланировал для тебя сделать. Я благословляю твои уста. Пусть они говорит слова истины и ободрения. Я благословляю твое сердце быть верным Господу. Я благословляю жизнь твоего будущего мужа и ваших будущих детей богатством и един-

ством. Я люблю в тебе все, Эшли, и горжусь тем, что я твой деда.

Конечно, когда у ребенка есть сложности в какой-то области, мы можем благословить его соответствующим образом. Если им трудно учиться в школе, мы можем благословить их разум, чтобы они помнили уроки и понимали концепции, лежащие в основе учения; если их запугивают, мы можем благословить их, чтобы они росли в мудрости и благосклонности у Бога и других детей; и так далее.

Я помню, как разговаривал с чудесной женщиной в Господе о ее внуке. Все, что она говорила о нем, было сосредоточено на его недостатках, его бунтарском отношении и поведенческих проблемах, с которыми он столкнулся в школе. Его послали в лагерь, чтобы помочь ему встать на путь истинный, а потом снова отправили домой, потому что он был таким непослушным.

Послушав некоторое время, я предположил, что она нечаянно проклинала своего внука тем, как говорила о нем, и что она заключала его в тюрьму своими словами. Поэтому она перестала говорить отрицательно и вместо этого намеренно благословляла его. Ее муж, дед мальчика, сделал то же самое. В течение нескольких дней мальчик полностью изменился, вернулся в лагерь и расцвел. Скажите о быстрой реакции на удивительную силу благословения!

Одна из самых замечательных вещей, которые отец может дать своим детям, – это отцовское благословение. Я узнал об этом из *Благословения Отца* Фрэнка Хаммонда, которая является замечательной книгой. Без благословения отца всегда возникает ощущение чего-то недостающего – создается пустота, которую ничто другое не может заполнить. Отцы, возлагайте руки на своих детей и других членов семьи (например, положите руку на их голову или плечи) и благословляйте их часто. Откройте для себя добрые дела, которые Бог сделает и для вас, и для них.

Где бы я ни делился этим посланием, я спрашиваю взрослых мужчин и женщин: «У скольких людей здесь отец когда-либо возлагал на них руки и благословлял их?» – Очень немногие поднимают руки. Затем я перехожу к следующему вопросу: «У скольких людей здесь отец никогда не возлагал на них руки и не благословлял их?» – Почти все поднимают руку.

Затем я спрашиваю, не позволят ли они мне в этот момент стать для них духовным отцом – заменителем, чтобы я мог в силе Святого Духа благословить их благословением, которого у них никогда не было. Ответ был ошеломляющим: слезы, освобождение, радость, исцеление. Просто удивительно!

Если вы жаждете отцовского благословения, как я, то произнесите над собой вслух следующее. Это благословение, которое я адаптировал из книги Фрэнка Хэммонда.

Благословение отца

Я люблю тебя, мое дитя. Ты особенный. Ты – божий дар для меня. Я благодарю Бога за то, что он позволил мне быть твоим отцом. Я люблю тебя и горжусь тобой.

Я прошу тебя простить меня за слова и дела, которые причинили тебе боль. И за то, чего я не делал, и за слова, которые я никогда не говорил, которые ты хотел бы услышать.

Я разрушаю и отсекаю все проклятия, которые следовали за тобой в результате моих грехов, грехов твоей матери и грехов твоих предков. Я славлю Бога за то, что Иисус стал проклятием на кресте, чтобы мы могли выйти из-под каждого проклятия и войти в благословение.

Я благословляю тебя исцелением всех ран сердца – отвержения, пренебрежения и оскорбления, которые ты перенес. Во имя Иисуса я сокрушаю власть всех жестоких и несправедливых слов, сказанных над тобой.

Я благословляю тебя переполнением

миром, миром, который может дать только Князь Мира.

Я благословляю твою жизнь плодородием: хорошим плодом, обильным плодом и плодом, который пребывает.

Я благословляю тебя на успех. Ты – голова, а не хвост; ты наверху, а не внизу.

Я благословляю дары, которые Бог дал тебе. Я благословляю тебя мудростью принимать правильные решения и развивать свой полный потенциал во Христе.

Я благословляю тебя изобилующим процветанием, позволяющим тебе быть благословением для других.

Я благословляю тебя духовным влиянием, ибо ты – свет мира и соль земли.

Я благословляю тебя глубиной духовного понимания и близким хождением с твоим

Господом. Ты не будешь спотыкаться или колебаться, ибо Слово Божье будет светильником для твоих ног и светом на твоем пути.

Я благословляю тебя видеть женщин / мужчин, как это делал и делает Иисус.

Я благословляю тебя видеть, извлекать и праздновать драгоценность в людях, а не грязь.

Я благословляю тебя демонстрировать Бога на рабочем месте – не только для того, чтобы свидетельствовать или показать хороший характер, но и для того, чтобы прославлять Бога отличным исполнением работы и творчеством.

Я благословляю тебя хорошими друзьями. Ты имеешь благоволение у Бога и людей.

Я благословляю тебя изобильной и переполняющей любовью, из которой ты будешь служить Божьей благодатью другим. Ты будешь служить Божьей утешительной благодатью другим. Ты благословен, дитя мое! Ты благословлен всеми духовными благословениями во Христе Иисусе. Аминь!

Свидетельства ценности отцовского благословения

Я был изменен благословением отца. С тех пор как я родился, я никогда не слышал, чтобы проповедовали такое послание. У меня никогда не было биологического отца, чтобы он говорил к моей жизни до сего момента. Бог использовал тебя, Ричард, чтобы привести меня к тому моменту, когда мне нужно было молиться, и чтобы духовный отец провозгласил благословение отца на мою жизнь. Когда ты помолился благословением отца к сыну, мое сердце успокоилось, и теперь я счастлив и благословлен. – Пастор Уиклифф Алумаса, Кения

Это было долгое и трудное путешествие

прокладывания себе пути через депрессию; битва велась на многих фронтах – разум, дух, тело. Исцеление моего прошлого в конечном итоге, стало ключевым моментом, и значительным шагом вперед было прощение моего отца – не только за болезненные вещи, которые он сделал в прошлом, но и за то, чего он не сделал – его упущения. Отец никогда не говорил мне, что любит меня. У него был эмоциональный блок. Он не мог найти любящих, заботливых, эмоциональных слов, чтобы сказать – несмотря на страстное желание в моей душе услышать их.

Хотя в процессе прощения и внутреннего исцеления моя депрессия прошла, я все еще носил некоторые физические симптомы – самый большой из них был синдром раздраженного кишечника. Мне были прописаны лекарства и диета от моего врача с некоторым, но небольшим эффектом, которые, как мне сказали, должны были управлять симптомами, а не обеспечивать лечение.

Мой друг, Ричард, рассказывал мне истории о благословении отца и о том, как на это реагируют люди. Что-то в моем духе ухватилось за эту идею. Я осознал тот факт, что, хотя и простил отца за оставленный им пробел, на самом деле я не восполнил его и не удовлетворил жажду своей души.

Так и случилось. Однажды утром в кафе, за завтраком, Ричард выступил в роли моего отца, и благословил меня как сына. Святой Дух сошел на меня и оставался со мной весь тот день. Это было прекрасное переживание, и та часть моей души, которая кричала, обрела покой.

Неожиданным результатом, однако, было то, что мои симптомы синдрома раздраженного кишечника полностью прекратились. Мои лекарства и диета доктора были уже не нужны. Когда моя душа получила то, чего она жаждала, мое тело тоже исцелилось. – Райан

Я говорила и произносила над собой «Благословение Отца». Я с трудом могла его проговорить – я просто плакала и плакала, и чувствовала, что Господь исцеляет меня. Мой собственный отец только проклинал меня и негативно отзывался обо мне, пока не умер. Я каким-то образом почувствовала себя освобождённой. – Мэнди

Благословение Отца оказывало значительное влияние везде, где я его произносил. Вы можете прочитать ряд свидетельств по ссылке www.richardbruntonministries.org/testimonies, и посмотреть видео благословения отца на www.richardbruntonministries.org/resources.

Благословение других через высвобождение пророчества

Хотя я привел примеры, чтобы помочь вам с началом, хорошо будет попросить Святого Духа помочь вам «быть как божьи уста», объявляя и высвобождая конкретное намерение Бога или «слово в нужное время» (правильное слово в нужное время). Если ситуация позволяет, активизируйте свой дух через молитву на языках или поклонение.

Вы можете начать с использования различных моделей, описанных выше, но верьте, что Святой Дух направит вас. Прислушайтесь к его сердцебиению. Вы можете начать, запинаясь сначала, но вскоре вы поймаете Сердце Господа.

Благословение вашего рабочего места
Вернитесь к части 1 и адаптируйте пример, который я привел из своего собственного опыта, к вашим обстоятельствам. Будьте открыты тому, что Бог показывает вам – он может изменить вашу точку зрения. Благословение – это не какое-то волшебное заклинание. Например, Бог не заставит людей покупать то, что им не нужно или чего они не хотят. И Бог не благословит лень и нечестность. Но если вы выполняете Его условия, тогда вы должны благословить свой бизнес – чтобы Бог помог вам взять его оттуда, где он сейчас находится, туда, где Он хочет, чтобы он был. Прислушайтесь к Его

советам или советам людей, которых Он посылает вам. Будьте открыты. Но также ожидайте его благосклонности, потому что Он любит вас и хочет, чтобы вы преуспели.

Я получил следующее свидетельство от Бена Фокса:

Моя работа в сфере недвижимости претерпела изменения за последние несколько лет, и в моем бизнесе произошел значительный спад. Я ходил к нескольким людям, чтобы помолиться за свою работу, потому что моя рабочая нагрузка уменьшалась до такой степени, что я начал волноваться и беспокоиться.

Примерно в то же время, в начале 2015 года, я слышал, как Мистер Брантон проповедовал серию посланий о благословении своей работы, бизнеса, семьи и других областей. До этого времени в центре моих молитв была просьба к Богу помочь мне в этих областях. Идея о том, что мы сами произносим благословение, не была преподана мне, но теперь я вижу, что это написано во всей Библии, и я знаю, что Бог призывает нас и дал нам власть делать это во имя Иисуса. Поэтому я начал благословлять свою работу – говорить над ней слово Божье и благодарить Бога за нее. Я упорно благословлял свою работу каждое утро, а также благодарил Бога за новый бизнес, прося его прислать мне клиентов, которым я мог бы помочь.

В течение следующих двенадцати месяцев объем моей работы значительно увеличился, и с тех пор временами мне было трудно справляться с тем объемом работы, который выпал на мою долю. Я узнал, что есть способ пригласить Бога в наши ежедневные дела, и благословение нашей работы является частью того, что Бог призывает нас делать. Поэтому воздаю Богу всю честь за это. Я также начал приглашать Святого Духа в свой рабочий день, прося мудрости и творческих идей. В частности, я заметил, что, когда я прошу Святого Духа помочь мне с эффективностью моей работы, я обычно заканчиваю ее задолго до ожидаемого срока.

Мне кажется, что учение о благословении и о том, как это делать, было забыто многими Церквами, так как другие Христиане, с которыми я разговаривал, не знают об этом. Благословение моей работы стало теперь ежедневной привычкой, как и благословение других. Я также с нетерпением ожидаю увидеть плод в людях и вещах, которые я благословляю, когда это соответствует слову Божьему и во имя Иисуса.

Благословение общины

Здесь я думаю о церкви или подобной организации, которая благословляет общину/сообщество, в котором она действует.

Люди из .... (сообщества/района) мы благословляем вас во имя Иисуса, чтобы вы знали Бога, знали Его цели для вашей жизни и знали Его благословения для каждого из вас, ваших семей и всех ситуаций вашей жизни.

Мы благословляем каждую семью в городе .... (сообществе). Мы благословляем каждый брак и благословляем отношения между членами семьи разных поколений.

Мы благословляем ваше здоровье и ваше благосостояние. Мы благословляем дело ваших рук. Мы благословляем каждое полезное предприятие, в котором вы участвуете. Пусть оно процветает.

Мы благословляем учеников в ваших школах; мы благословляем их учиться и понимать то, чему их учат. Пусть они возрастут в мудрости, в росте и в благоволении к Богу и человеку. Мы благословляем учителей и молимся, чтобы школа была безопасным и здоровым местом, где можно было бы спокойно обучать о вере в Бога и Иисуса.

Мы обращаемся к сердцам всех людей, которые находятся в этом сообществе. Мы благословляем их быть открытыми для Святого Духа и становиться все более и более отзывчивыми к голосу Божьему. Мы благословляем их излиянием Царствия Небесного, которое мы переживаем здесь, в ……………. (церкви).

Очевидно, что этот тип благословения должен быть адаптирован для конкретного типа общины. Если это фермерское сообщество, вы можете благословить землю и животных; если это сообщество, где безработица распространена, то благословите местные предприятия, чтобы создать рабочие места. Направьте благословение на нужду. Не беспокойтесь о том, заслуживают они этого или нет! Люди почувствуют в своих сердцах, откуда пришло благословение.

Благословение земли

В Книге Бытия мы видим, как Бог благословляет человечество, дает ему власть над землей и всем живым, повелевает плодиться и размножаться. Это был аспект изначальной славы человечества.

Недавно, когда я был в Кении, я встретил миссионера, который брал беспризорных детей и учил их сельскому хозяйству. Он рассказал мне историю одной Мусульманской общины, которая утверждала, что их земля проклята, потому что на ней ничего не растет. Мой друг миссионер и его Христианская община благословили эту землю, и она стала плодородной. Это была драматическая демонстрация силы Божьей, высвобожденной благословением.

Находясь в Кении, я также обошел весь сиротский приют, который поддерживала наша Церковь, благословляя их фруктовый сад, их огород, их чуки и их коров. (Я благословлял мои собственные фруктовые деревья с большими результатами).

Джефф Виклунд рассказывает историю о церкви на Филиппинах, которая благословила кусок церковной земли в разгар серьезной засухи. Их земля была единственным местом, где шел дождь. Соседние фермеры приходили собирать воду для риса из канав, окружавших церковную землю по периметру. Это еще одно замечательное чудо, в котором Божья милость была освобождена через благословение.

Благословение Господа

Хотя я оставил это напоследок, это на самом деле должно быть на первом месте. Однако причина, по которой я ставлю его последним, заключается в том, что он, по-видимому, не соответствует модели «высказывания намерений или милости Бога над кем-то или чем-то». Скорее, это идея «становления счастливым».

Как мы благословляем Бога? Один из способов сделать это показан в Псалме 102:

Благослови Господа, о душа моя ... и не забывай всех благодеяний Его.

Каковы блага Господа по отношению к нашим душам? Он прощает, исцеляет, искупает, венчает, удовлетворяет, обновляет…

Я привык помнить и благодарить Бога каждый день за то, что Он делает во мне и через меня. Я помню и ценю все, что Он для меня значит. Это благословляет Его, и меня тоже! Что вы чувствуете, когда ребенок благодарит или ценит вас за то, что вы сделали или сказали? Это согревает ваше сердце и дает желание сделать для них гораздо больше.

Послесловие от читателя

Трудно объяснить, как благословение изменило мою жизнь. Согласно моему короткому опыту до сих пор никто не отказывался от получения благословения, когда я предлагала его – у меня даже был шанс благословить Мусульманина. Предложение помолиться о благословении над жизнью человека открывает дверь …

Это такой простой, ничем не угрожающий способ внести Царство Божие в ситуацию, в жизнь человека. Для меня возможность молиться о благословении добавила очень особый инструмент в мой духовный набор инструментов… это как часть моей жизни, которая ранее отсутствовала, а теперь была возвращена на место…
– Санди

Послесловие от автора
Я верю, что это от Бога:

Христианин, если бы ты только знал власть, которую ты имеешь во Христе Иисусе, Ты бы изменил мир.

ПРИЛОЖЕНИЯ

- Подумайте о ком-то, кто причинил вам боль – простите, если это необходимо, но затем пойдите дальше и благословите их.

- Подумайте о том, что вы говорите регулярно, когда проклинаете других или себя. Что вы собираетесь с этим делать?

- Напишите благословение для себя, своего супруга и своих детей.

- Встретьтесь с другим человеком и будьте открыты, чтобы пророчествовать над ним. Попросите Бога об откровении чего-то конкретного и ободряющего для этого человека. Начните с общих слов, например: «Я благословляю вас во имя Иисуса. Пусть Божьи планы и цели в вашей жизни осуществятся…» и ждите, будьте терпеливы. Помните, что у вас есть ум Христа. Затем поменяйтесь местами, и пусть другой человек пророчески благословит вас.

- В вашей церкви создайте корпоративное благословение, чтобы охватить и исцелить ваш регион, или благословите миссию, которую вы уже имеете.

КАК СТАТЬ ХРИСТИАНИНОМ

Эта маленькая книга была написана для Христиан. Под «Христианами» я имею в виду не только людей, которые ведут хороший образ жизни. Я имею в виду людей, которые «рождены свыше» Духом Божьим и которые любят Иисуса Христа и следуют за Ним.

Люди состоят из трех составляющих: духа, души и тела. Духовная часть была предназначена для познания и общения со святым Богом, Который есть Дух. Люди были созданы для близости с Богом, от Духа к духу. Однако человеческий грех отделяет нас от Бога, что приводит к смерти нашего духа и потере общения с Богом.

Следовательно, люди склонны действовать исходя из желаний своей души и тела. Душа включает в себя интеллект, волю и эмоции. Результат этого слишком очевиден в мире: эгоизм, гордыня, жадность, голод, войны и отсутствие истинного мира и смысла.

Но у Бога был план искупления человечества. Бог-Отец послал Своего Сына Иисуса, который также является Богом, прийти на землю как человек, чтобы показать нам, каким был Бог – «если вы видели меня, вы видели Отца» – и взять на себя последствия нашего греха. Его ужасная смерть на кресте была запланирована с самого начала и подробно предсказана в Ветхом Завете. Он заплатил цену за грех человечества. Божественная справедливость была удовлетворена.

Но затем Бог воскресил Иисуса из мертвых. Иисус обещает, что те, кто верит в Него, также воскреснут из мертвых, чтобы провести вечность с Ним. Он дает нам свой Дух сейчас, как гарантию, чтобы мы знали Его и ходили с Ним до конца нашей земной жизни.

Таким образом, мы рассмотрели сущность Евангелия Иисуса Христа. Если вы признаете и исповедуете свой грех, если вы верите, что Иисус принял на себя ваше наказание на кресте и что Он воскрес из мертвых, тогда Его праведность будет вменена вам. Бог пошлет Своего Святого Духа, чтобы возродить ваш человеческий дух – вот что значит родиться заново – и вы сможете начать познавать и общаться с Богом в близко – вот почему Он создал вас в первую очередь! Когда ваше физическое тело умрет, Христос воскресит вас и даст вам славное, нетленное тело. Ух ты!

Пока вы живете на этой земле, Святой Дух (который также является Богом) будет действовать в вас (очищать вас и делать вас более похожими на Иисуса по характеру) и через вас (быть благословением для других).

Те, кто не хочет получить то, за что заплатил Иисус, пойдут на суд со всеми вытекающими отсюда последствиями. Вы же этого не хотите.

Вот молитва, которой вы можете молиться. Если вы искренне молитесь об этом, вы родитесь заново.

Дорогой Бог на небесах, я прихожу к Тебе во

имя Иисуса. Я признаю, что я грешник. (исповедуй все свои известные грехи.) Я искренне сожалею о своих грехах и той жизни, которую прожил без Тебя, и мне нужно Твое прощение.

Я верю, что Твой единственный сын, Иисус Христос, пролил свою драгоценную кровь на кресте и умер за мои грехи, и теперь я готов отвернуться от своего греха.

Ты сказал в Библии (Римлянам 10:9), что, если мы объявим, что Иисус есть Господь, и поверим в наших сердцах, что Бог воскресил Иисуса из мертвых, мы будем спасены.

Прямо сейчас я исповедую Иисуса как Господа моей души. Я верю, что Бог воскресил Иисуса из мертвых. В этот самый момент я принимаю Иисуса Христа как своего личного Спасителя и, согласно Его слову, прямо сейчас я спасен. Благодарю Тебя, Господи, за то, что Ты так сильно возлюбил меня, что был готов умереть вместо меня. Ты удивителен, Иисус, и я люблю тебя.

Теперь я прошу Тебя помочь мне Твоим Духом стать тем человеком, каким Ты предназначил меня быть от начала времен. Направь меня к верующим и церкви по Твоему выбору, чтобы я мог расти в Тебе. Во имя Иисуса, аминь.

Спасибо, что прочитали эту маленькую книжку.
Я хотел бы получить свидетельства о том,
как благословение преобразило вашу жизнь или
жизни тех, кого вы благословили.
Пожалуйста, свяжитесь со мной через:
richard.brunton134@gmail.com

Посетите www.richardbruntonministries.org

Об авторе: Ричард Брантон был одним из основателей Colmar Brunton (Колмар Брантон) в 1981 году и превратил его в самую известную новозеландскую компанию по исследованию рынка. Он ушел в отставку в 2014 году и с тех пор посвятил свое время писательству, выступлениям и служению в Новой Зеландии и за ее пределами. Он также является автором книги *Помазан на Работу* (*Anointed for Work*) – приглашение шагнуть в захватывающий и наполняющий мир, где сверхъестественное оказывает мощное влияние на рабочем месте.

www.ingramcontent.com/pod-product-compliance
Lightning Source LLC
Chambersburg PA
CBHW051456290426
44109CB00016B/1786